RESUMEN DEL ACTA DEL JURADO

Reunido en la ciudad de Baeza, el 26 de septiembre de 2024, entre las 18 y las 20,30 horas, el jurado compuesto por D. Jesús Munárriz, D.ª María Zaragoza, D. Francisco Castaño, D.ª Inmaculada Lergo y D. Manuel García, bajo la coordinación del secretario D. Salvador García, decidió otrogar el XXVIII Premio Internacional de Poesía "Antonio Machado en Baeza", dotado con 6.000 euros y trofeo donado por la Escuela de Arte Gaspar Becerra de Baeza, al libro titulado *Como la espuma sucia*, registrado con el número 369. Y, abierta la plica, resultó que la autora del libro y ganadora del premio es Ana Vega Burgos, natural de Villafranca (Córdoba), ciudad donde reside y trabaja como bibliotecaria y animadora de grupos de teatro.

poesía Hiperión, 843
ANA VEGA BURGOS
COMO LA ESPUMA SUCIA

Ana Vega Burgos

Como la espuma sucia

XXVIII PREMIO INTERNACIONAL DE POESÍA
«ANTONIO MACHADO EN BAEZA»

Hiperión

poesía Hiperión
Colección creada en 1975 por Maite Merodio y Jesús Munárriz
Diseño gráfico: Equipo 109
Foto del autor: Archivo del autor

Primera edición: 2024
© *Copyright* de los poemas, Ana Vega Burgos, 2024
© *Copyright* de la ilustración de cubierta delantera, Mercedes González García
Derechos de edición reservados: EDICIONES HIPERIÓN, S. L.
Apartado de Correos 10343 • 28010 Madrid • Teléfono 620405115
http//www.hiperion.com • e-mail: info@hiperion.com
ISBN: 978-84-9002-245-0 • Depósito legal: M-23554-2024
Entorno Gráfico • Atarfe • Granada

IMPRESO EN ESPAÑA • UNIÓN EUROPEA

A Javier Egea, que empezó todo esto
y a las noches canallas, tan perdidas.

PRINCIPIO

Acosados por ritmos y canciones
—el rock igual que un látigo cruzándonos el pecho—,
donde quiera que fueras, Bob Dylan te encontraba.
Estábamos seguros de que todo era inútil,
mirarse, sonreír, hablar incluso,
besar, amar, nada nos salvaría.

ÁNGEL GONZÁLEZ

El cabecero blanco, la mesilla
chapada en falso ébano brillante.
Cómoda y tres cajones sin llave ni cerrojo
(mejor guardar el diario
debajo del colchón, o en el bolsillo
de la bata más vieja.
Entre las bragas no, que mamá se cree lista
y mira allí primero).

Un paquete de rubio en la puntera
de las botas azules,
las cartas bajo el fondo del armario,
la minifalda en casa de Pilar —que su madre
es harto confiada, aún se cree que su niña
sueña un príncipe azul para bailar un vals
en la noche de bodas—.

Alcobas virginales en las que se gestaba rabia a rabia
el futuro vacío
el miedo el asco el miedo
el asco
el miedo
y apenas una punta de lengua de esperanza
escarbando en el tanga rojo y negro
de lo desconocido.

Ojos que nos escrutan desde el bies del espejo,
libros manoseados lamiendo la censura,
poemas que nadie sabe y que nadie leerá
(lo que faltaba)
y una china verdosa para volar a ras del suelo
el sábado a la noche.

Pijama de patitos, cuadros de bailarinas,
alcobas virginales con la venda en los ojos.

Las noches de verano,
                              libidinosamente
jugando a desnudarnos…

Eva ofreciendo a Adán un trozo de manzana,
condenada por dar lo poco que tenía.
Adán sumiso seducido, y el sudor
que caería de su frente al cabalgar sus cuerpos
el pecado.
Rezábamos, pensábamos.
Dejamos de rezar.

Detrás de la ventana hay una calle
que el alba hace más triste, sin un alma,
con coches aparcados.

Joan Margarit

Bajo la niebla espesa de tu cielo plomizo
crecimos, estiramos los sueños hacia arriba,
trepamos por los árboles añosos de los parques,
ahogamos las tristezas sobre aguas agrisadas.

Crecimos de tu asfalto como una primavera
perdiendo flor y fruto bajo esta lluvia mansa,
crecimos como llamas de hoguera de pastores
fundiéndonos de frío bajo la escarcha austera.

Hasta que un sol de julio desgarró nuestra niebla,
hasta que penetraron los rayos entre el pálido
gris de nuestras mañanas, hasta que despertó
el estío voraz, y bajo su luz cruda
nos miramos las manos que van agarrotándose,
los labios agrietados sedientos de naranjas,

los árboles sin flores, los brazos sin abrazos,
la noche sin estrellas.

Todo nos ha pasado
como pasan las cosas que pasan en la vida,
un pie delante de otro, alas de golondrina
que se cree aventurera al viajar cada invierno
sin recordar –ay cándida– que es siempre, siempre el
                                                    [mismo
camino y son sus mismos pasos sobre sus huellas.

Todo nos ha pasado bajo tu cielo verde,
bajo tu blanca luna,
bajo tu manto negro.
De tu suelo nacimos,
                    aplastados los tallos,
y hacia ti desnacemos con los vientos de invierno.

Todo pasa cerrándose como cierra la vida.
Solo tú, calle oscura, permaneces abierta.

Viajábamos al cielo en un coche amarillo.
Echando chispas íbamos, con fuego en la cabeza
y la goma en los pies, compacta y negra,
y la música a tope
–Los Chichos, Leño, Alaska–.

Raudos pasaban ojos
labios cabellos pechos expresiones
miradas y sonrisas al fondo de la música
y ese calor extraño, inexpresable
que sube por las piernas y no calma la risa.
Y otra vez la embestida y el pitido final
y la ficha amarilla en nuestras manos,
y la promesa ardiente de los discos,
y los golpes de frente y la melena al viento,
persecución y huida
y en los ojos el brillo.

Los vaqueros pegados,
el sudor que desciende por el cuello
como lengua minúscula,
el aliento anhelante,
centellas en el techo, el cigarrillo,
los labios que se ofrecen,
los ojos que se apartan,
los padres que no saben la media de tu misa,
la vuelta al mundo estúpido a las nueve,
la cena,
los deberes la ducha la cama los recuerdos
las manos la manzana el pecado el castigo.

El mundo que nos crece en primavera.

Y en enero, la nieve.

No siempre hay que creer lo que el espejo dice.
Tu rostro verdadero puede ser cualquier máscara.

ANA ROSSETTI

Solo nos abrazaba la ternura
pálida en el sillón, detrás de la ventana:
unos dedos de oro temblando entrelazados
sin historia ni cuento de princesas.

Solo nos abrazaban las candelas de enero,
el recuerdo oxidado del agrior de cerveza,
el cigarrillo aquel de mano en mano
y acordes desfondados
                    de la vieja guitarra del Rosendo.

Ternura disfrazada de insultos y mamporros
y el cómplice silencio ante el resto del mundo, el
enemigo.

Bramaban los motores
ocultando los ojos casi limpios.
Ellos llevaban pelo largo y barba de ocho días

y nosotras la falda más corta que la chupa
y los ojos tan negros como el sino.

Los besos nos sabían a aliento contenido
y a humo regurgitado desde el hogar que aguarda.
Habíamos cambiado los cuadernos de clase
por las notas de Aute y el desgarro de Víctor
y Ana Belén
              –rebeldes, bandera roja, puño al viento–.

Éramos los del barrio, ¿recordáis?, y lo fuimos
hasta que el polvo blanco nos inundó las venas
y los nichos.

Solo nos abrazaba la ternura; no llores
ahora que nos abrazan tan solo los recuerdos.

¿Qué buscan las hormigas
en la aséptica losa del lavabo de casa?
Tienen hambre ¿de qué?
¿De champú, de colonia,
hambre de algas que suben invisibles
buscando mares, cañerías arriba?

¿De dónde vienen, negras y minúsculas?
¿Saben que equivocaron el camino
o son como esos pájaros traslúcidos
que picotean asfalto en el amanecer
de las calles heladas del polígono?

Y ellas siguen buscando en estéril empeño.
¿Saben que buscan algo?
Porque siguen y siguen, tenaces y pequeñas
sin saber si, quizá, ya lo han hallado.

¿Es ignorancia, hambre, aburrimiento
o la tenacidad falaz del resignado?

Pero te quedan todos los sueños por delante,
mil arcoíris que
apostar a la luz
y soles y más soles que aguardan el preciso
colorín colorado de los cuentos.

INMACULADA MENGÍBAR

Hoy que la vida empieza a dejarnos a solas
en mitad de la noche y, subrepticia,
se aleja con pasitos absortos, de puntillas,
como madre que sabe que hay que cortar cordones
aunque duela;

hoy que la noche tiene gatos negros
y en los cristales empañados de humo
se ocultan los mañana que nadie pintará
de nuestros ojos;
hoy que por fin será lo que Dios quiera
y no lo que pedimos que fuera en algún brindis,
he pensado que puede
                              ser la luz de esta luna
un brillar de cuchillos que me corte las trenzas
y me suelte los sueños.

Nace la noche así, con un rumor de lluvia
sobre cada ventana iluminada desde dentro,
veraz escaparate
de lo que no queremos ser,

                lo que seremos.

Y hoy que la vida que me acecha aún se mantiene
                        [aparte,
mirando desde lejos,
la faz difusa y la neblina en torno, compasiva,
quiero tirar de ti,
plantarle cara al miedo,
poner sobre tus hombros mis manos,
                   blandir labios
y pieles y deseos,
comerte a besos
y que tú no te asombres ni me riñas
ni des un paso atrás como si fueran cosas
de mayores que yo no debería
siquiera conocer.

Apaga el cigarrillo
en el vaso que inflama tu garganta,
carraspea pero calla, no me cuentes

todo lo que me queda por aprender, no hables.
Que esta noche que está la vida lejos todavía
quiero embriagarme muy deprisa en ti,
un chupito tras otro de tu lengua
para llegar más pronto a la segunda base.

Sabes a hombre y a desconocido,
humo azul, niebla absorta que me envuelve.
Si abro los ojos puedo ver la luna
que me contempla por detrás del campanario,
acusadora y escandalizada.

Si abro los ojos, veo
tus párpados cerrados y tu barba
y pienso que eres tú,
tú,
tú,
tú,
tú,
y yo no sé quién soy ni dónde soy,
y quisiera salir corriendo hasta mi casa,
quitarme este disfraz de *femme fatale*,
acurrucarme en sábanas de flores
y soñar que me besas,
soñar sólo.

Mientras siguen tus manos abriendo los regalos
que guardé para ti, y en nuestros labios
saboreo tu wiski y mi arrepentimiento,
la noche se convierte en madrugada
y mis zapatos de tacón me gritan
que quedan muchas calles
muchas lunas
y muchas decisiones como ésta.

Pero un día olvidaré que me supiste amargo
y que la luna estaba gris como la tristeza
y recordaré solo que aquella madrugada
eras tú,
fuiste tú,

      y
me besaste.

REALIDAD

Pero hoy,
cuando es la luz del alba
como la espuma sucia
de un día anticipadamente inútil,
estoy aquí,
insomne, fatigado, velando
mis armas derrotadas,
y canto
todo lo que perdí: por lo que muero.

ÁNGEL GONZÁLEZ

Bullen las calles llenas
de agentes de seguros,
palomas, secretarias,
dependientes de modas y franquicias,
un par de gatos negros,
naranjos sin azahar, colillas grises
y el olor a ciudad que un día echaréis de menos.

Vibran llenas de vida
aunque creamos ser
muertos que andan, autómatas
con las pilas cansadas.
Arden los pies,
los ojos,
el futuro,
etílicas burbujas nos despegan del suelo
apenas levitando,
apenas los centímetros precisos

para volver mañana
sin perder la sonrisa en el regreso a casa,
sin cortarnos las venas en el baño,
sin arrojarnos desde la azotea
y caer sin ruido, un pof sin estridencias,
como cae sobre el barro
la última mandarina amargosa de olvidos.

Bullen las calles llenas de rectángulos planos
y en las extenuadas alcantarillas,
frágiles
y
sedientos,
en olas de la noche
                              naufragamos.

Qué pronto se desvelan los futuros
que tan inaccesibles parecían
en esos locos años, los de ayer.
Un libro, un beso, un más o menos tonto
día de decisiones (o de rabias)
y de pronto ya estás a mitad del camino
que lleva a tu ninguna parte tan soñada.
Qué pronto se desvelan
                              y qué tarde es, a veces,
para cambiar ya nada.

Son de cristal las calles y las tiñe de gris
la sucia luz de los amaneceres.
Se reflejan los gatos en las chapas
de aluminio de los contenedores,
basura desperdicios vómitos
de la noche.

Son de cristal las calles al expirar la luna
y exhalan tufo a alcohol apenas engañado
con café y cigarrillos de liar.

Son de cristal. Se agrietan bajo mis pies descalzos.
(Me quité los tacones y los ahogué en el puerto).

Se busca urgentemente
limpiador de cristales que no babee en el trapo
mientras mira mis tetas
y me susurra, ronco:
nena, tú tienes veneno en la piel...

Pasa a mi lado el autobús. Me roza
el viento que levanta en su camino.
Tras los cristales ojos, bocas, sueños,
vida, resignación, mentiras, pérdida.
Una maleta con las alas rotas
sin fuerzas ya para arrastrar ruedas.
Sobre los charcos turbios, un arcoíris
de aceite me sonríe por un instante
antes de salpicarme los zapatos,
las piernas,
la esperanza.

Ruge el mar a través de negras nubes
que arrojarán sus olas de granizo
contra la costa –antaño azul– de aquellas niñas
perdidas por las crestas de las horas
que la urbe gris engulle como un monstruo marino.

La sucia luz del alba me susurra
que tuve amaneceres de rosicler y oro
aunque la noche aguarde con sus nieblas;
que todo se desgasta de frotar tantas veces
con la ilusión de que aparezca un genio
surgiendo de la lámpara más vieja.

Me recuerda que todo nos parecía posible,
pero nada lo ha sido; solo los pies cansados
y estas crueles arrugas que enmarcan la sonrisa.

Sigue la lluvia, lenta;
paraguas y transeúntes colorean
las calles que despiertan.
Desde un escaparate, mi reflejo me advierte
que también la tristeza hace aflorar arrugas.

Es más fácil –descubro–
subirse al autobús que ponerse delante.
Frotar, aunque desgaste,
desempaña los brillos más recónditos
del vientre de las lámparas.

Del desechado vientre de las lámparas.

El sol, equivocado, se ha probado
su vestido de octubre en pleno agosto
y huele a viernes, puerta de instituto,
cuando de lejos me esperabas y yo
me deshacía las trenzas
con rapidez de alondra deslumbrada
y caminaba, tonta, hacia tu aura
(ruborizada y tonta),
con la sonrisa inquieta rezumando dulzores venideros
entre las comisuras cerradas de mi boca.

  Esta luz de amarillo resplandor engañoso
guarda efluvios de un tiempo que se clava en mi
pecho.
Nos sobraban los libros y los padres
–qué pena–.
Solo queríamos tiempo:
tiempo para vivir a bocanadas grandes,

borracheras de vida que vomitamos ahora.
Queríamos devorar la noche a dentelladas,
regada en copas de fulgor de estrellas.
Cigarrillos liados apresuradamente,
alcohol,
versos,
caricias,
desafíos
    y miedo.
¡Siempre el miedo
para hacer excitantes los minutos!

Queríamos protestar contra los desafueros,
destriparlos, mostrarlos fibra a fibra,
clavar el grito herido en las conciencias,
construir la belleza sobre escombro y cenizas.

Pero al ir desnudando y escrutando...
todo era injusto, todo,
tan injusto
que poco a poco fuimos ralentizando el paso,
adormeciendo el grito,
conformándonos.

Queríamos transformar el mundo, pero al cabo
cambiamos solo el largo del pelo y de la falda.

Hoy miro el sol de ayer, que sigue ahí fuera
igual que el de mañana,
sobre los mismos campos,
la misma luna de impasible plata,
el mismo mar -más sucio-,
el mismo amor mordiendo en otros labios.

Hoy miro un sol de octubre que florece en agosto.
El aire está lejano y amarillo
como ayer, cuando era el motor que nos guiaba
un anhelo apremiante que nunca florecía
pero desembocaba en otro anhelo.
Era lumbre temblando en la cintura.

Hoy que es agosto aunque no quiera, entiendo
que ya en la piel apenas
                    quedó
                        la quemadura.

CONSUMACIÓN

Es el país de Irás y no Volverás
donde los relojes marcan el invierno en punto
y solo en tu memoria habría primavera
si tuvieras tiempo para recordar.
Pero solo hay tiempo para buscar a
la reina blanca.

ULALUME GONZÁLEZ

Al bajar la marea queda un rastro de estrellas
de mar sobre las piedras,
equinodermos húmedos que cuentan su fracaso
de náufragos
pese a su simetría pentarradial.
Se retira la espuma, las sirenas se alejan,
hay un charco de escamas fugitivas
–verde de peces menta–,
un pulpo va arrastrándose sobre sus ocho patas
como araña a la búsqueda de incautos
y se diluye en gasas de tul la Reina Blanca
mientras un sol de barro convierte el horizonte
en desesperanzante tajada de melón.

A lo lejos, las barcas cobran vida, advirtiendo
que la ruleta roja va girando acuciante
y hay una Reina Blanca resplandeciente, impávida,
oculta entre la nieve

o entre la arena o
entre la sal.
Pero no tienes fuerzas para enfrentar un juicio
por el robo goloso de unos dulces
y no serás Alicia ni te verás crecer
(solo crecerá el miedo al cambio de marea)
y en cada amanecida volverás a nadar
contra corriente
y ya no queda nadie
                    (ni tu madre)
                              que espere
que una noche comprendas que no son
más que un mazo de naipes.

La noche está de gatos y latas de cerveza.
La peña se concentra debajo de la higuera,
estéril como ella, sin flores ni muchachas
que deshojen sus pétalos.
No hacen falta farolas ya para las reuniones,
la luz de luna basta para escuchar susurros
sobre la falda corta y las ideas oscuras.
Desde el convento suenan las voces de las monjas,
temblorosas de años y de engaños. Recuerdo
la última paletada sobre el féretro oscuro,
el llanto de mi madre,
mi vergüenza de niña que mira lo prohibido
y comprende,
y condena.

Ya vienen por ahí las prostitutas.
Llevan, todas, un libro bajo el brazo
por si les diera tiempo a estudiar los apuntes

entre cliente y cliente.
Esta noche de gatos he sacado a mi perro
a sumergirse en las alcantarillas
buscando ratas negras con el rabo pelado.

Dentro de la cabina de cada camión rojo
hay una prostituta adolescente
repitiendo lecciones para sí
mientras usa la boca con pericia.
(Cuentan los viejos que hace muchos años
existían subvenciones para hijos de obreros).

La higuera ha florecido en corazones ácidos.

Desde la alcantarilla me persigue mi perro:
tengo los labios negros y una cola pelada.
¿Quién corre más aprisa?

La calle es la casa de los muertos de hambre.

ALMUDENA GRANDES

Nos cruzamos sin vernos en el fragor del bosque
y, como perros, nos reconocemos,
quizá porque el fracaso tiene este olor a arena
caduca, a flores mustias y a manos solitarias.

Entre arroyos de asfalto y álamos de ladrillo,
autobuses hostiles que nos muestran los dientes,
cajeros automáticos con huéspedes,
gorriones que disputan el pan a los transeúntes
y siempre el frío y el gris de la ciudad inhóspita,
pasamos sin mirarnos envueltos en este aire
compartido, y sabemos
que es cada cicatriz la huella de una herida
bajo la piel que finge desmemoria
para que no se vuelva a abrir la llaga.

Pero la llaga está, sigue abierta y supura.

Tú y yo somos la llaga y el pus y la vergüenza,
porque nacimos en la calle aquella
de la que nadie escapa y a la que nadie vuelve.

La vida virtual tiene muchas ventajas:
encerrados detrás de tantas puertas
no entra en vuestras alcobas el hedor de los muertos
que se arrastran –las manos
tendidas, suplicantes–
invadiendo, importunos,
las calles de la historia.

Me aseguran que allí me bañaré entre flores,
que el agua será azul como el pezón de un lirio,
que hay un fondo traslúcido fundido en caracolas
como nácar bruñido escondiendo un diamante.

Me prometen que allí tendré el sueño de un niño,
fresco, claro y ligero como el vino más puro;
me envuelven en un peplo de seda iridiscente
y yo camino erguida, en virgen rediviva.

Pero está el agua helada, el fondo es amarillo
cual un cristal pulido que se empaña al tocarlo
Descubro que este mar es triste como un tubo

de pastillas volcado junto a una mano inerte.
Va cubriéndome el agua; se me enturbia la luna.
Brota un campo de anémonas de mis pechos desnudos.

También
        me engañó el mar…

Algunos se murieron,
como dije,
y los demás, tendidos, derribados,
pegados a la tierra en paz al fin,
esperan
en ya no sé qué.

ÁNGEL GONZÁLEZ

ÍNDICE

PRINCIPIO

REALIDAD

CONSUMACIÓN

La primera edición de *Como la espuma sucia,*
de Ana Vega Burgos, maquetada en los
ordenadores de Ediciones Hiperión
en tipos Garamond, fue impresa
en los talleres de Entorno
Gráfico en el mes de
octubre del año
2024.

IN TABERNA QUANDO SUMUS,
NON CURAMUS QUID
SIT HUMUS